By you, For you

A
Creative
Collection

By you, For you

A Creative Collection

Worldwide Published by
Pendown Press

PENDOWN PRESS

An ISO 9001 & ISO 14001 Certified Co.,

Regd. Office: 2525/193, 1st Floor, Onkar Nagar-A,
Tri Nagar, Delhi-110035

Ph.: 09350849407, 09312235086

E-mail: info@pendownpress.com

Branch Office: 1A/2A, 20, Hari Sadan, Ansari Road,
Daryaganj, New Delhi-110002

Ph.: 011-45794768

Website: PendownPress.com

First Edition: 2018

Price: ₹279/-

ISBN:978-93-88149-40-2

Layout and Cover Designed by Pendown Graphics Team

Printed and Bound in India by Thomson ress India Ltd.

Dedication

Dedicated to all those who want
to share their thoughts and furbish
their names as AUTHOR

Contents

Foreward

I have got good reasons to believe that there can't be anyone who does not have something to share about. Right from a school-going child to the men or women in the evening of their life, they all want to tell about their way of thinking, highs and lows in their life or their likes, dislikes, preferences, perceptions and attitudes.

But, somewhere we fail to provide them an appropriate canvas to know as to what is going through their mind, how were their days, how we can change the world to a better place to live in, through their creativity and experiences. If they are provided a platform, what we will get in return is wealth of knowledge and education galore in disguise.

When I felt the need of having a book of those who have prying eyes, inquisitive minds and the ability to speak their minds, I started toying with the idea of having a book of anthology. I started talking to some friends of mind about what I am planning for. And they all became elated to know about my plan. However, some suggested me to wait for the right moment to start the work on my proposal. But, the idea of having a book of anthology was too tempting to wait any longer. The creative people starting coming in and within no time we became able to publish the book.

Dinesh Verma

Preface

"No person is born without an element of creativity in his personality, the need is to give him the opportunity", said Indira Gandhi while conferring awards to some creative persons in an auditorium in New Delhi. Whether a person is creative or not, is like asking a bird, "do you have the ability to fly?" However creative persons are little bit different from the birds as they are not themselves aware of the fact that they can fly, soar high in the horizon of creativity; someone or some organisation should drive them to the Creativity Canvas.

Gullybaba Publishing House has risen to the occasion in providing a Comprehensive and Conducive platform to one and all making their Colour of Creativity known to the world around. The unsung and unknown Indians of yesterdays are going to be the greatest source of inspiration and exuberance for the youths of today. And this is what the very purpose of bringing this book is.

The book aims at opening a new vista for readers and let them know as to how the unexplored creativity, when put to optimum use, becomes successful in generating or recognizing ideas or possibilities, solving problems, communicating effectively and creating history.

Acknowledgements

First and foremost, I am indebted to my editorial department who brought to my notice the necessity to bring a book for the intellectuals, by the intellectuals and of the creative people. The book could not have seen the light of the day without the sincere and dedicated efforts of our editorial team members.

The credit also goes to a phalanx of my friends who pushed me to do something substantial for the unsung heroes of today and helped me remarkably in giving the final shape of the book.Gullybaba is highly thankful for the support and guidance of Mrs. Anjula Singh who provided her consistent support to us. It would have remained incomplete without their sincere and dedicated efforts.

No book, of course, can be written without the support from already published works by renowned authors, intellectuals, reformers and scholars as the case may be. I also took leaf from some good books of same concept and I owe a debt of gratitude to all these books. Last but not the least, I am grateful to all those who helped me sustain the task of completing the book within the stipulated time.

Dinesh Verma

Founder and Director, Gullybaba Publishing House Pvt. Ltd.

Facebook Link:http://www.facebook.com/dineshveerma

Email: dinesh@gullybaba.com

Our authors also want to acknowledge their close ones. "Sofiya" wants to thank her Mom Dad for being her support system, no matter what, and Khadija Di, the critic of her work, for giving her a push towards success.

"Rishi" would like to thanks Gullybaba Publication House for providing and creating this opportunity for young authors.

"Diganta Rongpi" wants to thank everyone for supporting him in work and thanks to Gullybaba Publication House for bringing a piece of my work to live in this Anthology.

"Praveen" to Almighty Sai who makes him creative, his ever supporting amma and his most beloved wife and his life daughter.

Just like all these, Sofiya Shahiwala, Manas Grover, Naina Sharma, Jasmin Ayurvi, Anupama Sharma, Plakkat Praveen, Aarti Mittal, Arif Sageer, Kleio B'wti, Anjula Singh, Hira Javed, Rishi Chakraborty, Longbir Terang, Avisha Saxena, Anudev Singh, Santosh Prasad, Durga Kumari Gupta, Pankaj Verma, Ashish Jha, Ipsita Sharan, Ashita Saxena, Poorti, all of our authors wants to thank their dear ones and Gullybaba Publishing House Pvt. Ltd. for giving them an opportunity to become a published author.

A Creative Collection

Love, pain, sorrow, tears, happiness, anger, loneliness, fear, et cetera are the different emotions of a human life and every human has a different feeling from one point of time to another. Here in this book, these different emotions are threaded together in the form of the poems and short stories. For some it is an inspiration whereas for some it is the truth of life. With this beautiful book, we have tried to compile various realities with never-ending imaginations. This book has given words to the feelings that we usually do not express.

This book is the compilation of various creative, romantic and adroit minds in the form of their feelings and experiences. While reading this book the reader will come across a variation of writings. In this book, the readers will find a dramatic love story preceded by a painful poem and followed by a horror story. In fact, a terrific roller coaster of this book is what gives it a decisive edge over thousand others.

Author's Bio

Sofiya Shahiwala

Age- 17

From Gujarat, India.

I recently completed my 12th grade and I'm gonna pursue BA in English Literature.

I have a keen interest in poetry from a very young age. I've written a lot of poems based on self harm, body shaming and much more.

Life

They say life is hard and left astray,
Who told you that life was easy anyway?
It never came with a set of instructions,
Everyone has problems and various malfunctions.
There was no manual or auto mode to handle,
There were no guarantees and warranties to gamble.
There are no shortcuts or cheat codes,
Life's a game without the pause, replay or undo notes.
You were born to illustrate,
You started dying, the moment you laid your bait.
Better take chances and make no regrets,
Try changing the future,
For the past, stop taking so much stress.

She

She isn't the best piece made,
But her eyes sparkle when she laughs.
She isn't God's masterpiece trade,
But comfortable in her own skin, she guffaws.
She won't be your life's better half,
But her whole is better than your best.
She won't behave in front of all your staff,
But her immaturity won't let your smile rest.
She isn't the mastermind of the class,
But her smartness can make you wonder.
She doesn't have beautiful gown and heels made of glass,
But her voice can calm your greatest blunder.
She isn't the cheap beer bought from the store,
Bitter sweet she was, like the wines afore.
In a world full of rust, she's a light shimmer,
Truly, she's cosmic dust turned into the prettiest glimmer.

Pretty Damsel

The angels she believed in, were the monsters in disguise,
A chalice of poison, she was fed all lies,
Whispers of her demons sent chills down her spine,
Tears rolled down her face, and yet she was fine.
Walking down the lane, memories of what she used to be,
Odd curiosity and a dread of what more she has to see.
She then crossed her heart and gulped it in,
The smile of a devil, a heart full of sin.
There was no one who cared and no one to bless,
She became addicted to a certain kind of sadness.
While facing harsh waves and tough shore,
She was neither on clouds, nor on the floor.
Her body was buried and her heart burnt,
Fire she was, to dust she returned.
And when you go ask someone the story of an angel with pain,
They'll tell you about this pretty damsel crying in the rain.

Author's Bio

Manas Grover is a Freelance Developer By Profession, he is an avid learner. He loves to explore new out of the box things. He likes listening to music.

आशा की किरण

आँसू मेरे ये जाया न जाएँगे, यकीन है,
दिन लौट कर मेरे फिर आ जाएँगे, यकीन है।

हर जख्म वो सहूँगा लिखें हैं जो खुदा ने,
ये जख्म मगर सारे, भर जाएँगे यकीन है।

तूफान हैं जो आए ये वक्त की शकल में,
मेरे हौंसले के आगे झुक जाएँगे, यकीन है।

सब छीन तो लिया मुझसे पर बाँध के न रख पाओगे,
सपने मेरे हकीकत में ढल जाएँगे, यकीन है।

मन के भोत 'बेबस' हूँ तकदीर तेरे आगे,
घुटने तेरे भी एक दिन टिक जाएँगे, यकीन है।

हाथ की लकीरें

सुना है सब लिखा होता है, हाथों की लकीरों में,
कब जीना है कब मरना है, मिला है क्या तकदीरों में,
मेरे तो पर ठीक से अब तक, हाथ भी न बन पाए थे।
सुना है कान ये सबसे पहले, माँ की चीखें सुनते हैं,
कान ही सुनके नई-नई बातें, नए-नए सपने बुनते हैं,
मेरे तो पर अभी तक ठीक से, कान भी न बन पाए थे।
सुना है माँ की लोरी सुनके, झट से नींद आ जाती है,
पिता की उँगली पकड़ चलें तो, धरती कम पड़ जाती है,
मेरे तो ये पैर भी अब तक, धरती पर न पड़ पाए थे।
सुना है मुझको मारा क्योंकि, मैं एक छोटी बच्ची हूँ,
ये भी न सोचा मैं कितनी, मासूस और सच्ची हूँ,
मैं तो बस वो चीज हूँ जिसके, माँ बाप भी न बन पाए थे।
क्यों हर बार मार दिया जाता है मुझे,
क्यों रोक दिया जाता है मुझे इस संसार में आने से,
क्यों बन जाती हूँ जिल्लत का सबब तुम्हारे लिए,
क्यों कहते हैं बेटियाँ पराया धन है,
क्यों कहते हैं घर की लक्ष्मी, अगर खुशी नहीं है मेरे आने से।
क्यों रोक दिया जाता है मुझे इस संसार में आने से।

Author's Bio

Naina Sharma is a closet writer, who loves to observe the extraordinary in the ordinary around her - nature, humans around her and their emotions.

A business analyst by profession and a curious soul, she likes to explore different forms of expression - photography, music, theatre.

तलाश

मेरे झरोखे पर
अकेला, तनहा, किसी तलाश में
वो आता था
कुछ तो, आस थी उसकी
किसी कहानी के अधूरे किस्से
वो गुनगुनाता था।
न पलकें झपकाता था
न नजरें हटाता था
आसमाँ में खोकर
बस इक खामोशी लिए
पूरा दिन गुजार जाता था।
कभी सब्र से पंख सहलाकर
कोने में दुबक जाता था
तो कभी घुटन से उन्हें
बेबाक फड़फड़ाता था।
उड़ता था वो
न कभी किसी को बुलाता था

तलाश

कुछ तो तलाश थी उसकी
हमसे वो
कुछ तो छुपाता था।
वक्त (की तरह) ही था शायद
अपने अलग ही रंग दिखाता था।
बिना थके अपने आने वाले कल से
हर रोज वो नजर मिलाता था।
न जाने किस तलाश में वो
हर रोज, मेरे झरोखे पर आता था।

Author's Bio

Jasmin Ayurvi, is a 10 year old bubbly, talkative girl and an avid reader. She won the 'Avid Reader' award and studies in Amity International School. She has been writing songs, stories and poems for last few years. She is also care for nature and animals.

Batret Age and the Aliens

Yo!

Myself Batret Age, a smart wiz-kid mouse who lives in a small town with my uncle and aunt.

Once when I was just a little mouse of seven, I was playing with my friends Bolt and Banaji in the park adjoining the woods. It was late and one by one all my friends left for their homes. The moonlight was bright and creamy white. I too packed my backpack and made my way out of the gate. I was about to leave when suddenly I saw a strange thing. I saw a huge flying leaf shaped thing, as big as a small car with wheels, which came flying and parked in front of me.

I was standing there scared when suddenly the door of that machine opened and two little robots came out.

"Hello", one of them said, "We have come a long way from the other galaxy in search of some fuel."

I gathered all my courage and asked, "What kind of fuel?"

"In our planet, which is very similar to yours", the second one said, "We use natural resources like heat, ice, wind, sunlight and trees to fuel all our things. We use lots of machines and gadgets, different advanced means of transport, we use energy for building our homes, light for all things, look even we have an advanced body with so many functions, but sadly we have finished with our resources now."

"We have used and exhausted all of them and now we don't have even a single tree on our planet", spoke the first one.

"Can you take me to your planet!" I asked

"Yes", they said and called me inside. I was soon beaming as the flight took off. Inside it was very plain with four chairs placed on which they sat. I sat on one of them. There was lot of small and big switch kind of things in front of them with the help of which they navigated.

Soon we were flying over their planet. Everything seemed to be of just one colour, brown and its shades. The Sun was bigger than ours and it was very bright and hot.

"Let's go back before the fuel finishes", the second one said and in no time we were back.

"So how can I help you?" I asked.

"Well, you can help us", the first one said "If you can give us some seeds and few plants, we will grow them with our technology and our planet will come to life again.

"Sure, I will", I said and helped them to dig some plants and baby trees and helped them with the seed.

"Can we become friends", I asked

"Yes", the second one said "but promise us that you will take good care of your planet and will not waste any of your resources". "I will", I said with a broad smile, "I Batret Age promises you this". "Good", they said and went inside their spaceship happily.

Author's Bio

Anupama Sharma, B.A., B.Ed., is an editor by profession. She loves to read, write and her favourite hobby is cooking.

समय 'तब और अब'

उस दिन,
दर्पण में देखकर
चेहरा अपना
लगा जो मुझे 'कुछ' अजनबी सा
वक्त की रफ्तार ने मुझे
कितना बदल दिया,
बदल दिया,
मेरा रंग, मेरा रूप
जिन आँखों में, कल्पना थी
सुंदर जहान की
वो पथरा गई,
थी मुस्कुराहटें जिन होठों पर
वो भी लुप्त हो गई
आखिर कहाँ?
कहाँ खो गए वो सपने
वो मतवालापन और सुनहरे दिन
जिन दिनों
न थी फिक्र दुनियादारी की
या किसी काम की

समय 'तब और अब'

न थी चिंता घर बाहर की
हर तरफ छाई रहती थी
मस्ती हर दम
खुशियों का साया, हटता न था
पलभर
वो दिन, आखिर कहाँ गए
मगर अब
क्यूँ रहती है-चिंता दुनिया दारी की
क्यूँ सताती है फिक्र-घर-चाकरी की
आखिर,
क्यूँ होता है, यह समय
परिवर्तित, इतनी जल्दी
ठहर क्यूँ जाता
कहीं रूक क्यूँ नहीं जाता
भागता है, हर पल पीछे इंसान के
और इंसान
इंसान भागता है वक्त से
रहती है दौड़ यही, दम तक आखिरी
फिर वही रोटी की चिंता, फिर वही चाकरी।

महल-हसरतों का

चलो!

आसमाँ तक इक रास्ता बनाए

इक सितारा तुम सजाओ,

इक सितारा हम सजाए,

चाँद के झूले पर बैठकर

जीमं की बातें करेंगे

सितारों की महफिल में

फूलों की महक सुनेंगे

जब सूरज की लाली फैलेगी

चारों ओर

इक-दूजे में चाहत का रंग भरेंगे

हसरतों के महल की सूरत है ये

जमीं से आसमाँ तक

तेरे संग इसमें

सैर किया करेंगे।

Author's Bio

Plakkat Praveen is a 34 year old banker who hails from Kerala and presently working with South Indian Bank Ltd. as Branch Manager. He is a Poet enthusiast who also has passion for Hindi poems. He started writing poems from the age of 16 and has written more than 50 wonderful poems till date.

"प्रस्थान"

उम्र भर की बंदिशें, एक झोंके में बंद सी।
हरकतें और कसरतें, अब न होगी आहटें।
हँस पड़ी, महफिलें सजी,
अब ढ़ली, फीकी पड़ी।
नज़र तीखी, जो चुभ गई, अब पलक झपके नहीं।
सुर-सुरीला जो बह गया, बहाव निश्चल रह गई।
बारात पालकी ख्वाब थी, अब जनाजा ही सही।
मकबरों में चैन ली, घर महल तनहा पड़ी।
जन्नतें हासिल हुईं, रूह भी अब खिल रही।
शख्स कोई जी गई, एक कहानी बन गई।
दो-चार-आठ, बस इतने साल ही याद थी।
लोग समझे एक बड़ी दुनिया है यह, पर न जाने,
लोग यह भूले,
यह तो एक कश्ती ही है।
मंजिलें उस पार हैं, जहाँ, रूह-रूह रब से मिले।

“उद्‌बोधित औरत”

तस्वीर पुरानी है, तब सादगी थी। अब सयानी है,
कहती हैं बहुत कुछ ये आँखें गुमसुम-नादानी है।
चाहते हैं ढेर सारी, पाई कम, वक्त में दफनाई है,
फिर भी फुर्तिले इरादे हैं, जो खोया उसे पाने की बेहद लालसा है।
हार दी वक्त ने, ठान ली खुद में,
अब हार नहीं, बहार होगी
हौसलों, उम्मीदों की फुहार होगी।
गीत अतीत का मूक है, अब तक बीती बोई सब चूक है।
निडर, कठोर यह भोर है, उमड़-उमंग की शोर है।
तारे-अंबर तक की लालसा है, राहें तनहा और सुनसान हैं।
है कई, पर दिलासा नहीं कोई, आखिर खुद में है—
भगवान जिस पर भरोसा है।

Author's Bio

Aarti Mittal is a 34 years old housewife. Writing is her passion and a way to express what she feels.

With the support of her husband and her family she is able to continue her dream of writing. Now she is all set to deliver it to the masses for which she would like to thank God for all his grace.

Living a life without violence

First of all we should describe the word "violence",
Violence is word which destroys the life,
It is something which is sharper than knife.
Dreams of world without violence,
World of peace and silence.
Violence is affecting us by killing our emotions,
It is restricting our way to peaceful life by stopping our motions.
Why we choose violence when it is so harmful?
Why today's generation finds it so charmful?
Violence distracts us from our goal,
Violence is something which somewhere kills our soul.
Violence keeps us away from our near and dear ones.
Violence takes away a mother from her son.
Violence raises when we kill an unborn girl,
Violence comes when a mother can't see her curl.
Violence in real term means when we hurt someone,
It is something when we disrespect someone.
Violence is when a husband hits his wife,

A woman who keeps "karvachauth's" fast to pray for her husband's long life.

A house which is made and kept by love and care of family members,

Violence destroys the love n affection of all the members.

We should live a life which is full of colours and light,

In which life is brighten as the world is filled with lamps and candles on New Year's Eve and on Diwali.

Life will become like a heaven in the absence of violence,

Life will become like a garden of beautiful flowers without violence.

Living a life without violence will be so sweet and salty.

It will be like a song which is filled with world's beautiful melodies.

Author's Bio

Arif Sageer

Advocate: A law and science graduate, member in Nationalised NGO Nation's Pride, certificate holder of NCC, Mohd. Arif is a pack of talents. He is a young author with two books to his credit- "Lafzon mei Lamhe" (A Poetry Book) and "Hamsayein" (A Short Story Book). Lafzon mei Lamhe contains some Sher, some Gazals, Comedy Poem, one Nazm and one Poetry in English language, whereas "Hamsayein" contains eleven different stories in each chapter. It is full of the emotions. Mr. Arif Sageer is a practising lawyer in Tees hazari, Delhi.

व्यंग–सपने

बीते हुए दिनों में जो संजोए थे सपने
आओ देखें जरा कितने हुए अपने
कॉलेज छूटा, नौकरी पायी
साथ में मेरी हुई सगाई
नवंबर में शादी जो करवाई
घर में अपनी बात मनवाई
दहेज में मेरे साली आयी
इसके बाद एक फलांग और लगायी
जब पापा की उपाधि पायी
ये बड़ी किस्मत से पायी
अचानक घर मेरे चली आयी
अब कभी टीचर कभी पी.टी.आई.
फिर आया मेरी बीवी का भाई
बीवी ने मुझसे गुहार लगायी
एक खुशी मैंने भी पायी
चाय, समोसा, रस–मलाई
ये सब घर के खर्च से आयी

लगा किसी ने पतलून उतरवायी

ऊपर से ये बढ़ती महँगाई

उसके बाद तो जमाना ऐसा बदला

हल्दी मिर्च ने अपना रंग जो बदला

मुझको नानी याद जो आयी

ढीली जेब पे मुहर लगाई

तेल ने अपना दाम बढ़ाया

ये देख मुझे पसीना आया

बजार में अपनी साख जो जोड़ी

न जाने कितनी जूतियाँ तोड़ी

घर पे जो सब्जी बनवायी

अब तो लगता है बस– मैंने अपनी बीवी से नहीं

इन सब चीजों से शादी करवायी।।

चंद्रमा

मैंने अपनी आँखों से देखा
पंछी को चंद्रमा से आते हुए,
मैंने अपनी आँखों से देखा
सूरज द्वारा पृथ्वी पर अग्नि बरसते हुए,
कभी जो थे शोहरत की बुलंदियों पर
उन्हें देखा मैंने धरातल पर आते हुए,
जिन्हें था सदैव सत्य बोलने का गर्व
उन्हें देखा मैंने झूठी कसमें खाते हुए,
मैंने अपनी आँखों से देखा
पंछी को चंद्रमा से आते हुए,
जाने जाते थे जो अपने धोखे के कारण
उनको देखा मैंने वचन निभाते हुए,
बड़ा ही आश्चर्य होता है जब देखता हूँ
धर्म की आड़ में पैसा कमाते हुए,
अपने स्वार्थ से आवाज लगते हुए,
दिन-प्रतिदिन, लगातार चढ़ता गया सीढ़ियों पर
जब गिरा तो उठा, घावों को सहलाते हुए,

चंद्रमा

इस आयु में मौन होकर,

लिखा मैंने ये हृदय जलाते हुए,

मैंने अपनी आँखों से देखा

पंछी को चंद्रमा से आते हुए।।

Author's Bio

Kleio B'wti

Winning a On-the-Spot poetry writing competition at Junior School helped Kleio decide the vocation suitable for her. Today as a blogger, poet and writer, she enjoys giving wings to her imagination. Editing and translation are also her forte. After her Post Graduation in Psychology, Kleio became a topper in Criminology, a course which has helped her analyse human psyche better. A versatile writer, Kleio became excels in creating unpredictable climax to her tales. She is a dog lover.

Aikya's Tree

He stooped as he stood. A silver and gold cane supported his stodgy weight. He had stood alone, years and years ago just as he did now. What was he, a child, the prince, the king, the conqueror or the retired old man who was still figuring out the mystery of his existence?

A crystal clear vision of his octogenarian grandfather bent in body, able in mind, one hand holding him for support stood at almost the same place. The Bodhi tree, an abundant beauty now was only a sapling then. His grandfather, old; in his raspy voice had said to him, "Be like a tree, my child. Always remember my words, whatever you do, remember...You are achieving to be just like a tree." Confused he had looked at the old man. The wonder in his eyes bespoke, "But how can I be a tree, restricted to only a small piece of soil. I have to move, I have to walk long paths!" The old man had smiled! Looking deep into his eyes, he had said, "You will know what it is to be a tree my child. I have faith in you. Never forget my words!"

This was the last conversation that he had ever had with the old man. His grandpa had died in his sleep a week from when the conversation took place. He had already lost his father in the war. His grandpa, the ruler of the kingdom had promised to take care of his land and people until the rightful heir was grown up, educated and ready to replace him. His elder brother, who was 12 years his senior, was the heir to the throne. He as a child was brought up to understand how as a Prince he had to support his brother's commitments, to guide him when needed, to back him up-always. With his beloved Grandpa gone, a huge goodbye ritual was planned for the ruling king. His elder brother was to be anointed as the new King.

Amidst all the activities in the palace, no one realised that the would-be king was unwell. His elder brother overlooked it too. Soon his health declined so much that he couldn't even perform his Grandpa's last rites. His elder brother tossed and turned in high fever, eventually falling into a deep sleep of peace that no one could wake him up from. Within a span of a month, the young prince was now the ruler of his brother's kingdom, a fiancé of his brother's betrothed.

His life soon changed! He was married. In the next few months he was riding his elephant, conquering neighbouring kingdoms. He never forgot his Grandpa's words. He did not know what they meant but he sure wanted to find out. In the loving memory of his brother and Grandfather, he planted two Bodhi Trees, one in the palace and one among the citizens he conquered first. Later, he made it a ritual to plant a Bodhi Tree in every battleground he was victorious. He did not know how to be a tree, but he sure could look up to the Bodhi Trees and imagine that he had found his answers.

He stretched his kingdom into a big force in the next 14 years. Yet he was n't happy. He was not sure if he was being a tree yet. Greying, he decided to retire to find his answers. His young son was a competent king. The kingdom was safe and he was soon to be a Grandpa. How life had taken a full circle! Yet he knew some how his time was short. To the budding child in his daughter-in-law's womb, he scribbled a message on a velvety silk scroll and tied it with a golden thread. This was the legacy he was leaving behind to his grandchild! As, he had predicted, he joined his Grandfather and his elder brother before he could become a grandfather himself.

Years went by and the little Princess- Eina grew up to learn the legacy of her ancestors and the ruling king- her father. There was confusion as to who would rule the kingdom as it was only a Princess the current king had and his wife was long gone. The king married another in lieu of having a son. The princess in the meanwhile frequented to her aunt who was married to the king of the biggest kingdom. Her aunt although childless never felt the void as she had Eina. The young prince Aikya found love in the little princess, Eina. A marriage was surely the right way to culminate the young ones' affection. When the parents decided to betroth their heir Aikya to Eina, the world rejoiced. The day of the marriage came, and Eina's father gave her the small scroll that her grandfather had left her. She would have gotten it sooner had her father remembered his father's instructions. Nevertheless, she unfastened the scroll before she walked down the aisle. It read, "Be like a tree, my child." Eina smiled, she had n't known her grandparent however, he had known her for sure. She was grounded in her roots; she loved what she was, accepted her history and traditions yet as a tree she had branches of new thoughts and leaves-- a proof of her desire to stand out as an individual-- to follow her dreams and ideals.

Shortly after the royal wedding, Eina visited the Bodhi Tree that was planted long back when her grandfather had set up friendly ties with the other kingdom. She instantly felt the blessings of their ancestors in her new life. As days led to nights, she realised that her Aikya would leave the palace every morning before dawn and return only by afternoon. She refrained from questioning him because not once did her faith in him waver. Then one day he did not return! Alone, with child- she was lost. Yet she remembered to be 'Like a tree' and sheltered her womb, brought positivity to the distraught kingdom.

With the passing years she worked harder to teach her little son how to be a king. A kingdom in the absence of the heir to the throne only had the child for solace. Yet, the child was naughty. He had his father's ways. He would get up and stealthily vanish from the palace before dawn. Scared of losing him, just like her husband, Eina one day followed her son. When the guards tried to accompany her, she chided them away.

The child happily, unsuspecting that he was being followed, ran into the deep forest and then to a clearing. A huge Bodhi Tree stood there, effervescent and shining. Under the tree sat a very young sage. The glow on his face was that of the sun itself! The clearing and the forest nearby shone in the glory of his countenance. Eina felt a magnetic force pull her out into the clearing. She saw her young child sitting at the feet of the astute, looking at him in earnestness. The erudite smiled down at him benignly.

How similar they looked- the child with his innocence, the young man with his knowledge! and then she grasped the similarity was deeper. The man she was looking at was once her love, her husband Aikya.

With tears of joy she ran into the clearing, her lips quivering, and her eyes weeping in acceptance. Her grandfather had asked her to 'Be like a tree'. She remembered the first meeting with her husband after the wedding. She had shown him the scroll. She had told him that it was her grandfather's wish that not only she but even her husband too strives for the same. The Bodhi Tree was where Aikya had found enlightenment. He had not merely been inspired but the deep consciousness of his being had been triggered by Eina's words. He had incorporated the tree in his life, in his soul. The scroll had shown him the path to absolute happiness. Looking deep in his eyes, Eina found her deep rooted seed too- the seed that one day would make her a Bodhi tree, like it had made Aikya.

Author's Bio

Anjula Singh Bhadauria, is a multifaceted personality. She is a postgraduate in Economics, M.Ed. and Advanced Web Developer. As an Educationist, she is having more than a decade of experience as Principal and teacher in the field of education and has got the distinct privilege of being featured in British Council Magazine for the "Use of Technology in Education". She has received many awards at national and International level for her contribution as Principal/teacher as well as Poet and Artist. She has authored eight educational books for IGNOU and loves to contribute for various platforms through her blogs, poetries and stories. She has been the contributing author of eight Anthology books including this book. She is the Chief Editor of monthly e-magazine Kshitij (Where Dream Meets Reality) that is available on Kindle. She is an Artist of repute and has exhibited on various platforms including distinguished Lalit Kala Academy, New Delhi. She is also an Advanced Pranic Healer and certified Feng Shui expert.

Anjula's website and link to Social Handles:- https://about.me/anjulasingh

आवाहन

ऐ दर्पण, तू जिंदगी को, झुठलाता चला गया,
मुस्कुराहटें वो झूठी लबों पे, सजाता चला गया,
आँखों में टूटे सपनों के मोती, छुपाता चला गया,
खुद से खुद की ही पहचान, गँवाता चला गया।

इंसानियत शर्मसार घर, गली, मोहल्ले में हो रही,
आए दिन खुदा की नेमतें, क्यों जिंदगी है खो रही,
फिर भी कितनी शख्सियतें, बस आँखें मूँद सो रही,
दर्पण तुझसे रूबरू होने की, हिम्मत हमसे खो रही।

वीरान हो गए घर जिनकी लौ, बेवक्त बुझ गई,
दहलीज पर खिलखिलाती हँसी, लापता हो गई,
दर्पण तुझे निहारने वाली, आँखें पथरीली हो गईं,
टूट करके कितनी जिंदगियाँ, चकनाचूर हो गईं।

उस आशियाने में न होली, दिवाली, ईद मनेगी,
दर्पण बता तुझको देख कर के, अब कौन सजेगी,
डोली सजाने वाले घर पर जब, मासूम अर्थी उठेगी,
हैवानियत तो अब मुफ्त में, हर मोड़ खड़ी मिलेगी।

आवाहन

अब कौन भोली आवाज में, माँ–बाप को पुकारेगा,
किसको नौ माह सिंचित करने वाला, गर्भ पुचकारेगा,
ऐ दर्पण तुझमें अपनी छवि, जब वो नापित निहारेगा,
अफसोस उसका जमीर उसे, तनिक भी न धिक्कारेगा।

लाड़ो! तेरी तस्वीर, तेरे कपड़े, तेरे खिलौने रुलाएंगे,
तुझे चलना सिखाने वाले हाथ, अब तुझको जलाएंगे,
तेरी बक–बक से थकते कान, एक शब्द को तरस जाएंगे,
कब तलक इस मुर्दा जिस्म में, हम अपनी साँसे रोक पाएंगे।

आवाहन है मेरा आज, हर माता–पिता और शिक्षक से,
पोषित न हो सके हमारे बीच में, कोई प्राणी ऐसे भक्षक से,
जो डसते फिरें पूरे समाज को, बन कर जहरीले तक्षक से,
प्रतिबिंबित करे जो दर्पण, वो मनुष्य हो सिर्फ रक्षक से।

जिनकी प्रकट छवि और असलियत में कोई फेर न हो,
समाज का दर्पण बदलने में, अब और अधिक देर ना हो,
किसी बहन, बेटी, माँ की जिंदगी मजाक और खेल न हो,
पुरुष संग पुरुषार्थ को पाना, अब मुश्किल सा मेल न हो।

Author's Bio

Hira Javed has the knack of mesmerizing public with her magnetic personality. There are a number of adjectives that are associated with her—a great motivator, an effective communicator, an enthusiastic trainer, Passionate Dramatist, highly accomplished anchor, so on and so forth. He conducts Pre-assessment and Mid-assessment and makes her trainees aware of the assessment tools. He imparts training on English Language, Voice & Accent, Personality Development, Interview Skills, Soft Skills, Etiquette, Grooming, Professional Skills, Business Etiquettes, Business Communication, Retail Management, Customer Service, Sales, Process Training, etc.

She took part in many co-curricular activities and was represented as a Head girl, sports captain and House captain winning many trophies and certificates. She acted as a volunteer in a literary fest during college days, and kept on winning many literary programs conducted across the span of graduation. In addition, she has also done summer vacation courses of folk dance, Bombay art, Dolls making and painting.

Regardless where you are

I know I don't belong to you.
Neither you show alliance to me,
But trust me my soulmate.
We have got the junk connection,
Akin magnet to steel.
Lovers like to claim ownership,
Hopelessly why can't we.
Out of your grip,
I can never fall for anybody.
I'm just another blasphemous
believer of alchemy.
Hunting belongingness in you is a quest,
Only you can make it easy.
I have arrived at the last course,
Darling! think it critically.
This platonic love edition of ours,
Seems like talking normality.
All of me belongs to you and you
belong with me!

Qurbat

In this world of nuisance,
You're my essence of smile.
In this world of difference,
You're still close to a mile.
Let's go escape in an aisle,
What do you think, for a while.
Come with me and escape,
After all world is a graveyard of Denial.
Just say something sweetheart,
My writings are accused of being filthy pile.
Just one fair gesture can draw us toward reconcile.

Author's Bio

Rishi Chakraborty is a 24 years old Engineer by profession, he is pursuing masters and has done Bachelor of Technology in mechanical engineering from Amity University (Uttar Pradesh). He did schooling from Kendriya Vidyalaya. He is a passionate artist and has won many awards in art by representing in clusters and international level. For the second time he is getting introduced as an author on a big platform. Earlier he has done a research paper at college level.

प्रेमी से संन्यासी तक

हमारी कहानी की शुरुआत होती है सिद्धार्थ नागर से, जो आज एक मल्टीनेशनल कंपनी के उच्च अधिकारी हैं। बड़ी-बड़ी गाड़ियाँ, घर, बंगला और पैसा। लेकिन अपना कहने को उनके आगे-पीछे कोई नहीं है। सिद्धार्थ किसी से बात नहीं करते। ना ही कोई उल्लास जीवन में, न किसी में रुचि। एक दिन सुबह सिद्धार्थ कंपनी के केबिन में देखते हैं कि एक लड़की उनसे कह रही है, कि "मैं आपकी नई सेक्रेटरी हूँ।" सिद्धार्थ उससे कुछ नहीं कहते, बस काम से संबंधित जरूरी बातें बताते हैं। कुछ दिन बीतने पर सेक्रेटरी सिद्धार्थ से कहती है, कि 'सर, आज ऑफिस के वर्कर्स की पार्टी है और मुझे जाना है।

सिद्धार्थ उसे जाने की अनुमति दे देते हैं। अपने घर आकर शाम को सिद्धार्थ सोचते हैं कि सब कितने खुश हैं और फिर अचानक से उनके दिमाग में एक ख्याल आता है कि आज! वो भी खुश होगी ऐसे ही किसी पार्टी को अटेन्ड कर रही होगी। ये सब सोचते-सोचते सिद्धार्थ अपने अतीत में खो जाते हैं। अब कहानी की शुरूआत वहाँ से होती है, जब सिद्धार्थ नागर कानपुर के एक ग्रामीण क्षेत्र में रहने वाला 16 साल का युवक था। सारा दिन स्कूल में पढ़ने के बाद रात को खेतों की रखवाली करता था।

गाँव में बिजली थी लेकिन जब बिजली नहीं होती तो सिद्धार्थ सड़कों पर लगे लैम्प पोस्ट के नीचे पढ़ता। सिद्धार्थ की पढ़ाई में लगन देखकर ग्राम प्रधान उसे दिल्ली पढ़ने भेज देते हैं। लेकिन सिद्धार्थ नए लोगों में घुल-मिल नहीं पाता।

एक दिन अचानक सिद्धार्थ अपनी कक्षा में अपनी निर्धारित जगह पर बैठने जाता है लेकिन एक लड़की वहाँ बैठी होती है। सिद्धार्थ उसे उठने को कहता है और वो सिद्धार्थ को देखती है।

सिद्धार्थ उसकी आँखों को देखता ही रह जाता है। अब से सिद्धार्थ हमेशा पीछे बैठता है और अपनी जगह उसको दे देता है। स्कूल के लैब में भी उसके लिए जगह रखता है। धीरे-धीरे उस लड़की से जान-पहचान बढ़ने लगती है। सिद्धार्थ अब उसके और भी करीब आने लगता है। धीरे-धीरे सिद्धार्थ उसका आदी हो जाता है। पढ़ाई से उसका ध्यान हटने लगता है। सिद्धार्थ को लगता है कि कहीं न कहीं वो उसे पसंद करने लगा है। धीरे-धीरे कक्षा 12वीं की परीक्षा सामने आ जाती है। अंतिम परीक्षा के दिन सिद्धार्थ सोचता है कि आज वो अपने दिल की बात रुचिका को बोल ही देगा। परीक्षा के बाद सिद्धार्थ रुचिका से मिलता है और कहता है कि

सिद्धार्थ–मुझे तुमसे कुछ माँगना था, पहले अपना फोन नं. तो दो।

रुचिका–मेरे पास फोन नहीं है, मम्मी के पास रहता है।

सिद्धार्थ (मन ही मन सोचते हुए)– कह दूँ क्या?

रुचिका–क्या हुआ क्या सोच रहे हो?

सिद्धार्थ–अपना एक ऑटोग्राफ (हस्ताक्षर) दोगी?

रुचिका–ऑटोग्राफ?

सिद्धार्थ–फोटोग्राफ न सही, ऑटोग्राफ ही सही।

रुचिका–ओ.के.

पर सिद्धार्थ आज भी कुछ नहीं कह पाता। कुछ समय बाद सिद्धार्थ का रिजल्ट आ जाता है और वह इंजीनियरिंग पढ़ने दूसरे शहर चला जाता है। रुचिका भी इंजीनियरिंग में दाखिला ले लेती है।

अचानक एक दिन सिद्धार्थ को अपने दोस्तों से उसका फोन नं. मिल जाता है, सिद्धार्थ रुचिका को उसके जन्मदिन से पहले वाले दिन कॉल करता है–

रुचिका–हैलो, कौन?

सिद्धार्थ–इट्स मी, सिद्धार्थ, स्कूल वाला। याद आया

रुचिका–ओ.के., यह नं. किसने दिया?

सिद्धार्थ–बस जहाँ चाह है, वहाँ राह है, जन्मदिन मुबारक हो। रुचिका

रुचिका–थैंक्स, पर मैं मैसेज का जवाब नहीं दे सकती, बैलेंस नहीं है, ओ.के.?

एक दो बार बातचीत करने के बाद रुचिका ने सिद्धार्थ को ब्लॉक कर दिया। सिद्धार्थ समझ नहीं पाया। सिद्धार्थ ने उसको सोशल साइट पर ढूँढकर मैसेज किया। उसने उससे पहले जैसे ही बात की। धीरे-धीरे फिर से बात शुरू हो गई। सिद्धार्थ बहुत अच्छी तस्वीर बनाता था।

सिद्धार्थ ने उसकी और अपनी तस्वीर बनाई और उससे कहा जब हम बूढ़े हो जाएँगे, ऐसे ही तस्वीर को देखा करेंगे और देखते-देखते सिद्धार्थ की इंजीनियरिंग की पढ़ाई भी खत्म हो जाती है। एक दिन सिद्धार्थ मंदिर में जाता है वहाँ देखता है कि सामने से रुचिका आ रही है। वह दो मिनट सिद्धार्थ से बात करती है और फिर चली जाती है।

अगले दिन सिद्धार्थ उसको फोन करता है और कहता है–

सिद्धार्थ–लगभग चार साल बाद तुमको देखा।

रुचिका–हाँ, और तुम भी लंबे चौड़े हो गए हो।

सिद्धार्थ–तुम्हारी जॉब लग गई क्या?

रुचिका–हाँ, बंगलौर में! तुम्हारी नहीं लगी ना?

सिद्धार्थ–नहीं, यार! अच्छा कल तुम मंदिर के सामने मिलोगी?

रुचिका–ठीक है।

सिद्धार्थ अगले दिन जाता है और कहता है।

सिद्धार्थ–असल में, मुझे तुमसे एक बात कहनी थी, क्या तुम जानती हो कि हमारे बारे में दोस्त लोग क्या कहते हैं?

रुचिका–हाँ, कि तुम मुझसे प्यार करते हो?

सिद्धार्थ–क्या तुम भी मुझसे?

रुचिका–देखो ये सब बातें मुझे पसंद नहीं।

सिद्धार्थ–बातें पसंद नहीं, या मैं तुमको पसंद नहीं?

रुचिका–देखो यार, तुम ना तो नौकरी करते हो, न ही पैसे हैं तुम्हारे पास। मैं परसों नौकरी ज्वॉइन करने जा रही हूँ। वैसे भी दुनिया सफल व्यक्ति को पसंद करती है, किसी असफल को नहीं।

सिद्धार्थ–ठीक है। ओ.के. प्यार से बड़ा पैसा है। लो तुम्हारा नं. मिटा दिया मैंने, अब खुश रहना।

सिद्धार्थ उसकी सारी यादें मिटा देता है, पैसे कमाने में जुट जाता है, नौकरी करने लगता है। दिन–पर–दिन और मेहनत करता है अपनो से दूर होने लगता है। पैसे कमाना ही उसका लक्ष्य बन जाता है। धीरे-धीरे वह उन्नति करता जाता है। एक दिन सफल व्यक्ति बन जाता है।

यही सोचते-सोचते आज सिद्धार्थ ऑफिस पहुँचता है। वहाँ उसकी सेक्रेटरी आकर कहती है, सर आज आप मेरे घर आइएगा। आज मेरा जन्मदिन है। सिद्धार्थ मना कर देता है क्योंकि आज ही रुचिका का भी

जन्मदिन होता है। हालाँकि सिद्धार्थ रुचिका की सभी यादें मिटा चुका होता है, पर उसका दिया हुआ ऑटोग्राफ आज भी अपने पर्स में रखता है। सिद्धार्थ हमेशा उसी मंदिर में जाता है जहाँ उससे रुचिका आखिरी बार मिली थी। सिद्धार्थ किसी शादी, जन्मदिन या उत्सव में नहीं जाता, लेकिन पता नहीं क्यों आज वह अपने सेक्रेटरी के जन्मदिन की पार्टी में जाने को तैयार हो जाता है। रास्ते से जाते हुए उसे फिर वो मंदिर दिखता है, वह उतरता है कि अचानक उसे लगता है कि कोई उसको देख रहा है। वो पीछे पलटता है कि रुचिका सामने खड़ी दिखाई देती है।

किस्मत का फेर भी अजब होता है क्योंकि वही दिन, वही लोग, वैसी ही शाम। दोनों एक-दूसरे को पहचान जाते हैं। सिद्धार्थ सोचता है कि कितनी बदल गई है रुचिका, कुछ कमजोर हो गई है शायद।

आज भी आँखें पहले जैसी ही हैं। रुचिका सोचती है, सिद्धार्थ को हल्की-हल्की सफेद दाढ़ी, भारी-भारी सा चेहरा। लेकिन आज, भी वही चमक। लेकिन दोनों एक-दूसरे से बात नहीं करते। सिद्धार्थ बर्थडे पार्टी में जाता है, जहाँ किस्मत कुछ और ही चाहती थी।

रुबी (सेक्रेटरी) सिद्धार्थ को रुचिका से मिलवाती है। रुचिका के पास दो बच्चे भी आते हैं उसे जो 'माँ' कहते हैं। सिद्धार्थ मन ही मन हँसता है और कहता है कि जिसके लिए आज वो बदल गया वो आज चलो खुश तो है। रूबी की पार्टी खत्म होती है तो वो कहती है, "सर, आप क्या रुचिका आंटी को उनके घर तक छोड़ देंगे?" सिद्धार्थ उसको घर तक छोड़ता है।

रुचिका–अंदर नहीं आओगे?

सिद्धार्थ–मैं तो कबका किसी के दिल से बाहर हो चुका हूँ।

रुचिका–अंदर आओ। आज भी नफरत करते हो?

सिद्धार्थ–हाँ।

रुचिका–झूठ बोल नहीं पाते, तो कोशिश ही क्यों करते हो?

सिद्धार्थ–तुमने शादी कब की?

रुचिका–नहीं की, दोनों कैंसर के मरीज हैं। ये मैं इनकी देखभाल करती हूँ। तुमने शादी कर ली?

सिद्धार्थ–नहीं, तुमने ही तो कहा था, पैसा कमाओ, तो वही कर रहा हूँ।

रुचिका–चलो, तुम वो बन तो गए जो मैं चाहती थी। इतना कहते ही रुचिका खाँसने लगती है। सिद्धार्थ पानी लाता है लेकिन देखता है कि रुचिका के मुँह से खून आ रहा है। सिद्धार्थ बेचैन होकर पूछता है क्या हुआ है तुमको? रुचिका कहती है, तुम यही सोचते हो ना कि मैं तुमसे प्यार नहीं करती। दरअसल मुझे तब ही पता चला था कि मुझे कैंसर है, और मैं चाहती थी कि तुम बहुत सफल बनो। आज देखो तुम कहाँ हो और, 'मैं' तुम्हारे लिए, शायद नहीं बनी हूँ।

सिद्धार्थ–बस अब आगे कुछ नहीं। सिद्धार्थ उसे मंदिर ले जाता है। और कहता है, आज तुम्हारे जन्मदिन पर मैं तुमसे शादी करूँगा क्योंकि आज तक मैं तुमको गलत मानता रहा, सब जगह से तुम्हारा नाम मिटा दिया, लेकिन दिल पर जो नाम लिख चुका है, क्यों वो मैं मिटा नहीं पाया? आज भी मेरे दिल में तुम हो और तुम्हारे साथ रहने से ही मैं पूरा हूँ। क्या मुझसे शादी करोगी?

रुचिका और सिद्धार्थ की शादी हो जाती है। सिद्धार्थ सब जगह रुचिका का इलाज करवाता है कि वो ठीक हो जाए लेकिन तीन महीने के अंदर ही रुचिका सिद्धार्थ को अलविदा कह देती है। आज सिद्धार्थ उसकी यादों के सहारे खुश है क्योंकि उसे आज भी लगता है कि रुचिका उसके पास है। सिद्धार्थ अपनी सारी संपत्ति उन लोगों में लगा देता है, जिनको इसकी जरूरत है। सिद्धार्थ आज गेरुआ वस्त्र धारण कर संन्यास ले चुका है,

लेकिन अफसोस इस बात का है कि रुचिका आज भी उसकी यादों में है, दिल में है, पर प्रत्यक्ष रूप से साथ नहीं है।

आज सिद्धार्थ प्रभु भक्ति में लीन है। सिद्धार्थ उस प्रतीक्षा में है, जब उस जहाँ में उसका मिलन रुचिका से होगा। दो रूहों का मिलन होगा।

Author's Bio

Longbir Terang [born 22nd Nov. 1992] hails from Cheksolangso, Diphu, Karbi Anglong, Assam. Completed M.A [English] from Assam University Diphu Campus, Diphu and presently working as an Editor in Chief of Diphu based bilingual magazine Karbi Anglong Today. He is also the active member of Jambili Literary Foundation, Karbi Lammet Amei and Centre for Karbi Studies. His hobbies and interests include writing poems, translation, research works and adventure.

Poison

Self-willed,
Vainglory and
None alike me who can surpass,
Tenderly over-loved
Swayed and agreeable always
Now let it grow out
One poison tree;
Nourishing with care each day
I am the only proficient, faultless,
None can repudiate to what I say
I'm sagacious, who are thee?
Perhaps emerging more
The roots effort to reign in depth
All over the tree outspreaded,
If obviate not
Like it may become a banyan tree
Where it shall enfold,
Creep up in thy flesh and body
And in heart and liver

Will shape a fountainhead;
In all veins that the blood circulates
Overfilled and enters into the cerebrum
Indeed horrendous,
Forbearance and deference are
The weapons to hold and if not its roots dug
'This to become a huge tree
That bears the most poisonous fruits and seeds.

My Blood

Let it bleed!
Let it bleed!
And let it flow!
A fire in my core heart
Burning to fray,
Still it dwells in my body
That living blood;
To whom shall I afraid?
No, none...
Ye pure red blood of mine
With no mixture
I shall give for freedom,
If my people, my land will survive
Though I die but let my blood bleed.

Floral Heart

From dawn to dusk till
Unclosed two eyes of mine seeing unaltered
That bugs and worms may ingest
A fear for it may let to be rotted,
That bees and butterflies may come
And inbreathe to let it faded away
Much worrisome is a thoughtful heart;
So, by fecundate I'm nurturing
Pouring water with love to become verdure,
'Tis however alive, but
Alas! Uneasy
For our foes won't remain still and silent
They diurnal awaits for an apt moment
And will assay to obliterate if they find,
Thus I also preserved, sheltered, enshroud
Or shall not be made to lament each day;
Until to this breathe of mine lasts
Shall not let the floral heart withered away,
If time has arrived for my last days on earth
But let the vow of love remain evermore.

Author's Bio

Avisha Saxena is a 17 years old Class XII Humanities student. Her hobby includes writing, painting and Kathak dance. She is disciple of legendary Pandit Birju Maharaj.

कल्लू कव्वे की मुसीबत

सुनहरा हो रहा था सवेरा, जल्द ही आसमान की चमक बढ़ने लगी थी। ऐसा लग रहा था सूरज उगते-उगते मानो की सभी को नींद से जगा रहा हो। पूरा फुलवाड़ी गाँव सूरज की नई रोशनी में नहा रहा था। हरे-भरे पेड़ व साफ-सुथरी हवा इस गाँव की पहचान थी।

पुराना कुआँ ठंडे पानी से भरा था। गाँव में नल आने के बाद भी यह कुआँ लोगों का प्रिय बना हुआ था। किनारे गाँव का सबसे बड़ा व इसके पुराना घने पीपल का पेड़ था।

अचानक कोई बड़ी सी काले रंग की उड़ती चीज आई और पीपल की ऊँची डाल पर बैठ गई।

"आखिरकार मैं पहुँच ही गया। और इंतजार, अब नहीं किया जाता सबसे मिलने का।"

ये था कल्लू कव्वा और यहीं से शुरू होती है कल्लू कव्वे की कहानी।

काला, चमकीला व अन्य कव्वों से आकार में कुछ बड़ा-कल्लू सभी का लाड़ला था। कुएँ पर पानी भरती औरतें उसे प्यार से देखती, बच्चे उससे प्यारी-प्यारी बातें करते व कुछ-न-कुछ खाने को देते। दाल-चावल, रोटी, सब्जी, पूरी, मिठाई, वह सभी चाव से खाता था। गाँव के आदमी उसे भाई बुलाते थे। उसकी एक अलग पहचान थी।

परंतु कल्लू को इंतजार रहता गोरू व चंदन का। वे उसके अभिन्न मित्र थे। गोरू रोज उसे दही में भीगे चावल देता व चंदन उसे अपनी पीठ पर घुमाने ले जाती। कभी-कभी चंदन मीठी आवाज में गाती तो कल्लू भी अपना करकश गाना सुना कर खुश होता।

आज सुबह के आठ बजने आए किंतु गोरू नहीं आया, न ही चंदन घास खाने आई। चंदन सफेद, कजरारी आँखों वाली सुंदर गाय थी। गोरू उसके मालिक का दस-ग्यारह साल का बेटा था। दुबला-पतला, गोरा व फुर्तीला।

आज क्या हो गया? कल्लू ने सोचा व दिमाग लड़ाया। चलो उड़कर देखता हूँ, गाँव भर का एक चक्कर लगाता हूँ। यह सोचकर कल्लू उड़ चला।

गाँव करीब-करीब खाली था, परंतु दूसरे कोने के आखिर में उत्तर की तरफ भीड़ थी। कल्लू वहीं उड़ चला। उसने देखा गाँव के सभी लोग वहीं थे। गोरू व चंदन भी। दुआ-सलाम करके वह चंदन की पीठ पर बैठ गया। गाँव में नई और पहली दुकान खुली थी।

बेहद मोटे पर जिंदादिल गोपू की दुकान। वहाँ रंग-बिरंगे पैकेट में चिप्स टॉफियाँ, बिस्कुट, सुपारी, चूरन व कई सारी चीजें थीं। छोटी-छोटी बोतलों में शरबत था। गाँव वाले बड़ी खुशी से सामान खरीद रहे थे। जिनके पास पैसे न थे वे उधार ले रहे थे। शहरी चीजें अब गाँव में मिल रही थी, सभी प्रसन्न थे।

अब कल्लू को अपना ठिकाना बदलना पड़ा। भीड़ अब दुकान के आस-पस होती। बच्चे वहीं कुछ दो-चार रुपये का सामान लेते, औरतें वहीं बतियाती व रंग-बिरंगी प्लास्टिक की थैलियों में सामान ले जाती। कल्लू को भी दिन भर में तरह-तरह के चिप्स, टॉफी व ब्रैड के टुकड़े मिल जाते।

इधर कुछ दिनों से कल्लू उड़ते समय भारी-भारी सा महसूस कर रहा था, बेचारा कल्लू क्या जाने, उसके पेट में फैट जमा हो रहा था।

गाँव के सभी लोग खा-पी कर कूड़ा वहीं डाल देते जो की गंदगी व मच्छरों को बढ़ावा दे रहे थे।

गोरू व चंदन अब यहीं से होकर कुएँ पर जाते। प्रतिदिन गोरू भी दुकान से कुछ-न कुछ छोटा मोटा सामान लेता व खाता जाता।

मुरझाए पेड़ व कुएँ के किनारे पड़े टूटे-फूटे शरबत के गिलास व बोतलें देखते हुए उसे गोरू की आवाज सुनाई दी।

"हम इस बार गर्मियों में काका के घर शहर जा रहे हैं।" गोरू ने कहा "कल्लू अपना ख्याल रखना।" गोरू शहर गया और चंदन गोरू की मौसी के घर।

यही तो है जिंदगी

अक्सर हम अपनी जिंदगी को कोसते हैं, जब हमें हमारी चाहत नहीं मिल पाती। ये बातें अक्सर मुझे एक कहानी की याद दिला देती हैं। जब मेरे पापा की नन्ही कली एक बार रो पड़ी तब उन्होंने धीमे से मुझसे पूछा–"क्या हुआ, बेटी"?

मैंने रोते हुए कहा "ये कैसी जिंदगी है, जितनी भी मेहनत कर लूँ। पढ़ाई में अच्छे अंक ही नहीं आते और आज तो मेरा सबसे प्यारा खिलौना भी टूट गया, ये सब मेरे साथ ही क्यों होता है?"

यह सुन पिताजी ने फिर एक प्रश्न पूछा, क्या तुम बस इतनी सी बात पर रो रही हो? क्या तुम्हें जिंदगी का मतलब भी पता है?

मैं चुप रही, वे मेरी उंगली पकड़कर बाहर आए और फिर मुझे गाड़ी में बैठा कर एक चौराहे पर ले गए। हम एसी चलाकर ठंडक में बैठे थे। उंगली दिखाते हुए पिताजी ने खिड़की के बाहर इशारा किया। "उधर देखो।" उस ओर देखते ही मेरी आँखें वहीं के वहीं टिक गईं। मैंने देखा एक छोटा लड़का फटे-पुराने कपड़ों में एक नन्हें कुत्ते के पिल्ले पर हाथ रखकर सड़क के किनारे खेल रहा था। उस तपती धूप में जब हम अंदर ठंडक में थे, वह चिलचिलाती गर्मी में भी खुश था।

पिताजी ने बताया कि बचपन में ही इसके माता-पिता चल बसे थे। वह एक अनाथ बालक था।

यह सुनकर मेरी आँखें भर आईं। पिताजी बोले, "परंतु तब भी इस बच्चे के चेहरे पर चमक है।" ऐसा कैसे? मैंने पूछा।

उन्होंने कहा जिंदगी है तो कोई दुःखी क्यों रहे। इस बच्चे के साथ बैठा कुत्ता ही इसका घर, परिवार व पड़ोस है, सहारा व प्यार है और इसी प्यार की ताकत के बल पर प्रतिदिन यह बच्चा उगते सूरज की तरह इतनी बाधाओं के बाद भी मुस्कुरा रहा है।

जो है, जो हो रहा है संघर्ष कर उसी में खुशी ढूँढना, यही तो जिंदगी कहलाती है।

उस दिन से मैंने भी बाधाओं में मुस्कुराने की कला सीख ली।

यही तो है.............जिंदगी।

Author's Bio

Anudev Singh

Education- MA, MBA

Languages known: Hindi, English, Marathi, Kumaoni, Punjabi, Dogri, Bengali, Bhojpuri

Religion: Hindu

Hobbies: Visiting New Places, Meet New Peoples, Taste Different kind of Food

जम्मू से लखनऊ

जम्मू से चले राजा जी।
लखनऊ के नवाब साहब हो गए।
जम्मू की बोली मीठी।
लखनऊ का अंदाजा निराला हो गया।
जम्मू की सुबह में मंदिर की आरती थी।
लखनऊ की सुबह में अजान मस्जिद की थी।
जम्मू में राजमा चावल खाए।
लखनऊ में कबाब के आनंद उठाए।
जम्मू की सुबह मतवाली।
लखनऊ की शाम खुशनुमा।
जम्मू की शान तवी।
लखनऊ की बहती गोमती।
जम्मू के बाग-ए-बहू घूमे।
लखनऊ के इको गार्डन के चक्कर काटे।
जम्मू और लखनऊ में उर्दू का असर एक।
तभी तो कहते हैं लोग। पहले आप, पहले आप।

Author's Bio

Durga Kumari Gupta is a young and a promising author from Darjeeling. She is pursuing her second year of MA (Hindi Honours).

वो रात

एक दिन,
चहल वही थी
गगन वही था
पर रात में कुछ कहल नयी थी।
लगा!
जैसे, कुछ नहीं है,
फिर अचानक,
सब कुछ बदल गया था बदल
कुछ रोने की चीखें सुनी
कुछ के तो
डर से आँसू भी न निकले
हाथों से,
गिर रहा था रक्त
कुछ ही समय में
आया समझ सभी को
अपने तो परेशान थे,
इस दर्द में
दूसरे से कर रहे थे माँग
मदद की

पर कोई न आया फिर
मदद को
धीरे-धीरे सब कुछ
थमने सा लगा।
और
सबके दिल में, डर बसने लगा
जिस कमी ने करवाया था ये 'कर्म'
वो बात तो थी 'धन' की कमी
कहीं बहा रक्त
और कहीं सूख चुके थे आँसू
क्यों डरा दिया था,
धन ने सबको
इस कदर जुदा किया था
जीवन में अपनों से ही
फिर इक दिन
चहल वही थी
गगन वही था
पर रात में कुछ कहल नयी थी।

Author's Bio

पंकज वर्मा

लोगों के मन-मस्तिष्क में चल रहे भावों को सु-सगठित रूप देकर उसे रोचक ढंग से प्रस्तुत करना, एक लेखक की अपनी कला होती है। बिहार के औरंगाबाद में 1991 ई. में जन्मे **पंकज वर्मा** एक ऐसे ही शख्स हैं, जिन्होंने समाज की विभिन्न घटनाओं, बुराइयों और रीति-रिवाजों से प्रभावित, मानव की मनोदशा को बड़े मार्मिक ढंग से अपने लेखन में संकलित किया है। बचपन से लेखन में रूचि रखने वाले पंकज वर्मा ने अब तक सौ से अधिक साहित्यिक विधाओं की रचना की है। इतने कम उम्र में इन्होंने लेखन के क्षेत्र में जो कुशलता हासिल की है, वह काफी प्रशंसनीय है। हाल ही में उनकी 'मोहब्बत की मजबूरी' नाम की पुस्तक प्रकाशित हुई जो लोगों द्वारा बहुत पसंद की गई।

दु:ख का आभास

सुबह-सुबह मोहल्ले में हो रही कोलाहल से मेरी नींद खुली। खिड़की से झाँक कर देखा, एक बुढ़िया अपनी बहू के बाल पकड़े उसे बिंदास पीट रही है और मैं कुछ बड़बड़ाते हुए पुनः चादर ओढ़कर सो गया।

"इनका रोज का यही धंधा है। कमीने देर से नहीं लड़ सकते, सुबह-सुबह ही जरूरी है लड़ना।"

एक घंटा बाद मैं उठकर पास की नदी की ओर टहलने चला गया। रास्ते में ही देखा दोनों सास-बहू मस्ती से अपने खेतों में धान काट रहे थे। मेरे घर के सामने ही थी इनकी झोपड़ी जिसमें मालती अपने पति, सास-ससुर और अपने चार बच्चों के साथ रहती थी। पता नहीं लड़ाई करके इन लोगों को कितना आनंद मिलता था। लड़ते भी थे तो बिल्कुल समय से, ठीक रात को सोते समय और सुबह जागते समय।

मोहल्ले वालों को समय देखने की जरूरत नहीं पड़ती थी क्योंकि उन लोगों के शोर से ही सारे लोग समझ जाते कि सोने या जागने का समय हो गया है। कोई बीच-बचाव करने नहीं जाता था क्योंकि उन्हें पता था कि यह सब उनका रोज का काम है और जब किसी कारणवश झगड़ा नहीं हो पाता था तो उनका मनहूस मन मोहल्ले की गलियों में भटकता फिरता कि कहीं किसी से लड़ाई करने का मौका मिल जाए।

उन लोगों की बेहूदगी ने हमारे मोहल्ले का नाम मिट्टी में मिला रखा था। लोगों से सुना था यह सब उनके पीढ़ियों से होता आया है। मालती की सास भी अपनी सास से इसी तरह पिटा करती थी।

दुःख का आभास

एक दिन फिर अपनी सास से पिटकर मालती मेरे घर आई भागी-भागी। उलझे-उलझे बाल, पसीने से लथपथ शरीर, एड़ियों में बनी दरारें, सुखे-पतले हाथ-पैर, पतला-दुबला शरीर और फटे-पुराने कपड़े पहने बिल्कुल वह भिखमंगों जैसी लग रही थी। उसके रोने और बिलखने से मुझे उस पर बहुत दया आ रही थी। वह रोते-रोते मेरी माँ से कह रही थी "अब तक तो मैं जहर खाकर मर गई होती दीदी पर क्या करें चार छोटे-छोटे बच्चे हैं आँखों के सामने, हमारे मरने के बाद कौन करेगा इनकी परवरिश।" उसकी बातों, इरादों में कहीं न कहीं सच्चाई का संचार था पर वह आज तक शायद इसलिए नहीं महक पाई थी कि लोगों की मर्म सिर्फ यही समझती थी कि यह इसका रोज का धंधा है। एक दिन मोहल्ले वाले भी कह रहे थे कि मालती की सास ही झगड़ालू है, बात-बात पर झगड़ा कर लेती है सबसे। मालती तो बिल्कुल अच्छे स्वभाव की है। कितना कुछ सह लेती है बेचारी फिर भी चूँ तक नहीं बोलती।

"देखती हो बहन इसकी सास कितनी ताम-झाम से रहती है और उसे तो पहनने ओढ़ने का एक सामान भी नहीं देती।" लोगों से अक्सर सुनता था कि मायके में उसकी जिंदगी बहुत खुशनुमा थी।

वह दो बहनों में बड़ी थी और शायद इसलिए उसके बाबूजी उससे बड़ा स्नेह करते थे और आज भी उसके ससुराल जब भी आते हैं बोरियों से लादकर सामान पहुँचा जाते हैं उसके लिए।

बड़े शौक से बाबूजी ने उसकी शादी यहाँ की थी क्योंकि उसके पति के पास खेती के लिए अपनी जमीन थी पर उन्हें क्या पता था कि जिस घर को वे खुशियों का भंडार समझ रहे हैं यह घर उनकी लाड़ली के लिए नरक बन जाएगा।

मैं सोच रहा था कि आज मालती को यह बात कितनी उचटती होगी। वह अपनी पुरानी जिंदगी के बारे में सोचकर कितने आँसू बहाती होगी पर

क्या करे भाग्य की मार से तो आदमी रो भी नहीं पाता। चीखना तो दूर की बात होती है। उसकी जिंदगी हमेशा एक करूणागाथा सुनाती थी, पर शायद उसे कोई सुनने वाला नहीं होता था। उसकी आँखों से निकले आँसू हमेशा एक सच्चाई बयाँ करते थे पर उस पर कोई कभी ध्यान नहीं देता था। उसकी जिंदगी उदास, वीरान और उजड़ी हुई नहीं थी फिर भी उसकी इस कशमकश जिंदगी में दु:ख की एक सरिता बहती थी जिसकी गहराई से मोहल्ले वाले भली-भाँति परिचित थे।

सुबह से शाम तक काम का बोझ लिए घूमती फिरती और रात को थकान से चूर जब बिस्तर पर जाती तो कभी सास के हाथों तो कभी पति के हाथों से जरूर मार खाती। उसका पति शराब से डूबा रात के करीब दस-ग्यारह बजे आता, खाना खाता नहीं पर बात-बात पर मालती को पीटता जरूर क्योंकि उसकी सास उसके पति के कान भरा करती। उसके परिवार में उसका बूढ़ा ससुर ही था जिसे मालती के दु:खों का आभास था पर उसे तो छ: महीने पहले ही यमराज उठा कर ले गए थे। मोहल्ले वाले को आज भी याद है तभी तो वे कह रहे थे कि जब मालती अपनी शादी के बाद पहली बार घर आई थी तो कितनी खूबसूरत दिखती थी।

जैसे उसे देखकर चाँद भी शरमा जाता हो। तब वह कितनी गोरी, मोटी-ताजी और प्रसन्नचित लगती थी पर जिंदगी की कड़वाहट ने उसके शरीर को आज एक जीता-जागता कंकाल बना दिया था और उसके दिल के दर्द पिघलकर आँखों से ऐसे बह गए थे कि उसके चेहरे पर आँसुओं के निशान बन गए थे। वह इन दर्दों का बखान किससे करती? उसके दुख का आभास हर एक को था पर कोई भी मदद करने वाला नहीं था। वह अपने बाबूजी को भी अपनी बात बयाँ नहीं करती शायद इसलिए कि अपने खातिर वह उन्हें दुखी नहीं करना चाहती थी। पर अब सब कुछ सहन से बाहर हो रहा था क्योंकि उसकी खामोशी उसके सास और पति को और क्रूर बना गई

थी। उसे खाता तो कम ही नसीब होता पर हाँ सुबह से शाम तक उलाहना, गाली और मार खाकर उसका पेट जरूर भर जाता था।

दो महीने ही हुए थे कि एक दिन मोहल्ले वालों से सुना कि मालती भागकर अपने मायके चली गई है। मैं सोच रहा था कि सही किया उसने, बेचारी को कुछ तो शांति और सुकून मिलेगा वहाँ पर। पर यह क्या पंद्रह दिन बाद ही धान की खेती के लिए उसका पति उसे मायके से लाने के लिए चला गया। पता नहीं वहाँ जाकर उसने कौन सी नौटंकी की कि मालती के बाबूजी को मालती को विदा करने पर मजबूर होना पड़ा और मालती बेचारी वहीं कटघरे में आ गिरी जहाँ कई साल से वह घुट-घुटकर जिंदगी जीती आई थी और जहाँ की हवा की बदबू से उसके शरीर का हर रोम-रोम काँप उठता था। अब तो उसका मन यह सोचकर मचल रहा था कि पता नहीं उसका परिवार अब उससे कौन सा गुल खिलवाएगा।

कहते हैं डर के आगे जीत है पर न तो उसके डर के आगे जीत थी और न ही डर के पीछे ही जीत थी। तभी तो उसका पति और सास उसके भागने से आक्रोशित हो उसे अब इस तरह से पीटते कि दो-तीन दिन तक उसे खाट से उठना भी मुश्किल हो जाता था।

एक दिन तो वह अपने शरीर पर कैरोसिन का तेल उड़ेल चुकी थी। माचिस जलाने ही वाली थी कि उसका छोटा बच्चा ऐसे रोकर गले लगा कि उसका दिल भर आया और फिर उसने खुदकुशी करने का विचार अपने मन से निकाल दिया था। कहते हैं सुख-दुख एक ही सिक्के के दो पहलू होते हैं पर उसकी जिंदगी के सिक्के के दोनों पहलुओं पर दु:ख ही लिखा था। चाहे वह उसे जैसे पलट लेती उसे दु:ख ही देखने को नसीब होता। वह हर एक दिन एक बरस जैसे काट रही थी और यह समय की मार भी उससे बहुत कुछ करवाने को उतारू रहती थी। पर अक्सर अपने बच्चों को सामने देखकर वह उन पर तरस खा जाती थी। और इस तरह घड़ी की सूईयाँ

टिक-टिक करती रही, समय भागता रहा और इस समय के भागने से उसके दु:खों की परछाइयाँ छोटी होने के बजाय लंबी ही होती चली गईं।

एक दिन मैं ऊपर वाले कमरे में सो रहा था कि सुबह करीब पाँच बजे हर बार की तरह मोहल्ले में हो रहे शोर से मेरी नींद खुली।

"कमीने कभी नहीं सुधरेंगे। जिंदगी का सत्यानाश कर रखा है इन लोगों ने।" मैं बड़बड़ाते हुए चादर ओढ़कर पुन: सोने की कोशिश करने लगा कि तभी पुलिस के जीप की आवाज सुनाई दी और मैं झट से उठ बैठा।

नीचे जाने पर पता चला कि मालती की सास अब इस दुनिया में नहीं रही। सुनकर बड़ा दु:ख हुआ, दु:ख कैसे नहीं होता—बदमाश थी, चापलोस थी, झगड़ालू थी। फिर भी थी तो आखिर पड़ोस वाली ही न।

मैं उसके झोपड़पट्टी में गया जहाँ मोहल्ले वालों की भीड़ जमा थी। पर वहाँ तो लोग कुछ और ही बातें कर रहे थे।

"देखो इस औरत ने कैसे अपनी सास को मार डाला। अरे सास-बहू की लड़ाई किसके यहाँ नहीं होती, पर कोई किसी को जान से मारता है क्या?" बाद में मोहल्ले वालों से ही पता चला कि झगड़े के समय शायद मालती ने अपने आप को छुड़ाने की कोशिश की होगी जिससे उसकी सास को धक्का लग गया होगा और संतुलन बिगड़ने की वजह से उसका सिर सीधा चापाकल से टकरा गया होगा। उसके खून का धब्बा मैंने चापाकल पर लगा देखा था। घंटे दो घंटे बाद ही मालती हाथों में हथकड़ियाँ पहने, पुलिस की जीप में बैठे थाने जा रही थी पर उसके चेहरे पर तनिक भी सिकन नहीं थी। मानों वह कह रही थी कि यह काम तो उसे बहुत पहले ही कर लेना चाहिए था।

Author's Bio

Ashish Jha

A versatile writer with the knack for writing on almost all contemporary subjects, that include but not limited to the social media writings Suggesting names for books, About the Book, About the Author, Creatives, play, devotional songs, comedy, serious dialogue, SEO Articles, Blogs, Classifieds, Descriptions, Webpages, Link Building, Transcriptions, Translation from English to Hindi and vice versa, proofreading of almost all contemporary languages including Japanese and French, etc. The owner of the website Todaytwigs, the writer of **आर्थराइटिस को करें अलविदा**, and translator of the famous English Inspirational book **We Can! We Can**!! Authored by Mr V.K. Jaitley (President, All India IIT Kharagpur Alumni Association).

ये भारत देश है मेरा

गली-मोहल्ले के झगड़े पे सांप्रदायिकता का चढ़ता रंग,
देखकर ये मैं रह गया दंग।
मुझे याद है याहयाह के यहाँ की सेवईयाँ,
और मेरा दोस्त भी याद करता है मेरी मम्मी की बनाई हुई गुजिया।
ना ही कोई थी जात की दूरियाँ, और ना ही थी कोई धार्मिक परेशानियाँ।
परंतु, अपने दिन याद करने का नहीं करता है अब जी
क्यूँकि ये जातिवाद हो चुका है घिनौना।
देश के सबसे बड़े संवैधानिक पद पर बैठे लोग
सेवानिवृत्त होने से ठीक एक दिन पहले
सांप्रदायिकता का छोड़ते हैं रोकेट
जिससे रह जाता है सारा समाज भौंचक्का।
और फिर तथाकथित पढ़ने-लिखने वाले भटके युवक
बन जाते हैं सांप्रदायिक सौहार्द्र के अशुभ चिंतक।
आतंकवाद की निंदा करने से पहले उसकी जात पूछनी हो जाती है जरूरी
क्यूँकि इससे ही तो चलेगी नेताओं की रोजी-रोटी
विकास से तभी तो मतदाताओं का ध्यान हटेगा
जब मामला सांप्रदायिकता पर फँसेगा।

टी.वी. चैनलों की चाँदी तभी तो होगी।
जब अवार्ड वापसी की आँधी होगी।
जब सबका काम है चलता
तो मर जाने दो जनता।

लेकिन आशीष तो आगे आएगा, चलता है सह नहीं पाएगा।

पुल बनते ही फीता काटने वाले, इसे अपनी सरकार की उपलब्धि बताने वाले, मंत्री से पूछेगा

क्या आपकी सरकार के पथ निर्माण मंत्री इस पुल के ढह जाने पर 1 दर्जन लोगों की जान जाने से आहत होकर अपना पद छोड़ेंगे?

उपलब्धि गिनाने वाले क्या जवाबदेही भी समझेंगे?

जनता के प्रतिनिधि कहलाने वाले, क्या जनता को जात के नाम पर तोड़ने से बाज आएँगे?

रेलवे प्लेटफार्म पे आने देने के लिए जो 10 रुपए माँगते हैं
ट्रेन की टिकट के लिए जो 4 महीने पहले झोली फैलाते हैं

क्या वे यात्रियों को 1 करोड़ का इन्श्योरेन्स का कवर देने का लिखित वायदा करेंगे?

ट्रैक की गलती का क्यों भरें खामयाजा हम

क्योंकि ट्रैक बनाने और उस पर रेलगाड़ी की सुचारू ढंग से परिचालन करने के लिए टैक्स भरते हैं हम

और सरकार हमसे है, सरकार से नहीं है हम।

नयी रेलगाड़ी चलाने से पहले क्यों नहीं ली जाती है लोगों की राय
क्यूँ करने दें हम मनमानी सरकार को जब हमारी ही है सारी आय।

जर्जर ट्रैक पर नयी गाड़ी चलने का आदेश देने वाले

क्यूँ ना रेल हादसे होने पर चले तुम पर देशद्रोह का मुकद्दमा?

वित्त मंत्रालय से पूछेगा की नोटबंदी में पूरे देश की जनता को लाइन में खड़ा करने वाले,

धक्का-मुक्की में लाचार, असहाय लोगों की मौत पे जिम्मेदारियों से मुकरने वाले,

कब तक टैक्सपेयर्स के पैसे को बैंक की जर्जर हालत को सुधारने में लगाओगे?

तुम अपनी ढुलमुल बैंकिंग नियमों से जाने कितने और ललित मोदी पैदा करवाओगे

और जब वो सारा पैसा लेकर विदेश भाग जाएगा तो उसे ढूँढने के नाम पर इस देश का पैसा उड़ाओगे।

तुम लोग 1 लाख का कर्ज माँगने वालों पे डॉक्यूमेंट्स के नाम पर कहर बरपाते हो

और 1200 करोड़ किसी एक व्यक्ति के खाते में पहुँचाते हो।

ढपोरशंखी चुनावी वायदे करके तुम सत्ता हथियाते हो

फिर किसी जाति विशेष को एक खास पार्टी के प्रति निष्ठा रखने की मानो शपथ दिलाना चाहते हो?

5 साल के अपने चुनावी घोषणापत्र में शपथ लें चुनाव लड़ने वाली पार्टियाँ

नहीं फैलाएँगे ये कोई भ्राँतियाँ, न ही मजबूत होने देंगे कोई सांप्रदायिक शक्तियाँ।

भूतपूर्व मंत्रियों का नहीं रहेगा बंगला, नहीं होगा अब किसी पर बेवजह श्रेणी की सिक्योरिटी का खर्च।

शिक्षा, स्वास्थ्य, सड़क, नौकरी होगा दायित्व

चुनावी भाषणों में सांप्रदायिकता का रंग भरने वाले प्रत्याशी होंगे जीवनभर के लिए चुनाव लड़ने के लिए अयोग्य

पहले 1 साल में करेंगे ये सारा काम, नाकाम होने पर दूसरी सबसे बड़ी पार्टी को देंगे कमान।

तभी मिलेगा हमें सांप्रदायिकता रूपी दानव से छुटकारा,

गंदी राजनीति से मुक्ति और तभी बन पाएगा हमारा देश महान।

Author's Bio

Ipsita Sharan, Born in a family of educationists, it was quite natural for Ipsita Sharan to take up teaching. An MA, BEd, Ipsita takes pride in revealing that her career began in a Nursery school, she has taught all class groups up to Plus Two. Deeply interested in Music and Sports, Ipsita enjoys traveling. At present, she is working at an anthology of her own writings.

Life is Good

Patna was a new town for me. My initial excitement at being appointed a Probationary Officer in a reputed bank had somewhat ebbed with this posting. But once in Patna, Mr. Banerjee, my senior and his wife, made me feel quite comfortable. I found a flat close to his house. We had a good time together. The neighbours were too friendly, especially the Chatterjee family.

Mrs. Chatterjee had unofficially adopted me as her son and her daughters, Rita and Meeta were images of beauty with brains.

I liked Rita, the eldest one, the best. She was a lively girl, open and friendly. She was pursuing Graduation at that time. She filled the slot of my girl. She went for many picnic trips to movies and get-togethers. I was a member of Mr. Banerjee's family and was often invited as such to the Chatterjee home.

Rita, I knew liked me. Her body language spoke, her eyes flashed the flame. Life was nice for three years and then I got a transfer. I never told her my feelings, neither did she. It was a case of unspoken words and unspoken feelings. Did such a relation have a scope? But the question never crossed my mind.

Mr Banerjee stayed in Patna for another three years. One day enquiring about the Chatterjee's family I learnt that

Rita had recently got married. Rita married to a family friend. It was a marriage of choice, Mr Bannerjee mentioned. But it was not me. How could she choose another? How and why? The rug was pulled from under my feet. I was stunned, broken, beaten. If only I could cry it out. But the pain stayed for the longest time.

Social media and modern gadgets...Useless, a waste of time...Yet a colleague made all my social media profiles. I never bothered to look into them, but sometimes as a bored middle-aged bachelor, I just indulged. One day a message popped – "Are you the same Shahid Bhaiya from Patna, from such and such Bank?" It was Rita's sister Meeta, after so many years! Thus began the second phase of interaction. A piece of my life, that I had lost, was being returned to me. I took it back with open arms.

It was a huge shock for Rita to know that I was still a bachelor. How could I adjust with anyone else when my mind and soul belonged to that lively, sweet girl? My dear mother, my relatives had been annoyed as I could not appreciate any match they brought for me. But it was deeper than appreciation or choice. My choice had been made long ago. I was faithful to the feelings I once had for someone. Rita was that sweet and lively girl who took my breath away.

Now it was my turn to gape in stupefaction. Rita had lost her husband to a heart attack. She was a single mother. Her son was now studying at an Engineering college.

I regret every moment of those 10 years when Rita was alone, unhappy, balancing her roles as a mother, a teacher and a young widow. While I had my shares of trouble with the pangs of the heart and the pressure of the family to get married, Rita had had it worse. She struggled for her and her son's survival. Although, she was alone, she really wasn't that alone. My thoughts and good wishes were always with her. I feel God is kind to me for he has brought me back to my love. 10 years was not long enough a wait.

Now we are the best of friends. We talk every evening and whenever the need be. We have met a number of times along with her family and only son. Every meeting has been memorable and happy. But one such meeting stands out. It was our last meeting.

During the last meeting when I presented her with a diamond ring and slid it on to her delicate finger, that very moment I felt married to her...

This marriage is a bonding of our hearts. Though we stay miles apart, Rita, her son and I are a family, beyond the barriers of distance, religion and society. My life is complete because I have my love, Rita with me.

Life is good!

Author's Bio

Ashita Saxena is a Healer, Counselor, Tarot Reader, Writer and a certified paranormal investigator with expertise in Reiki, Aura reading, Chakra cleansing and many other alternate therapies & occult sciences. She is Bachelor in Humanities, Master's in History, Commercial Arts & Diploma in Beauty Culture. Her hobbies include Sitar and travelling. She runs an NGO: 'Cute Paws' and a mystic school 'The Sacred Banyan' as well as a 'Fairy Club'. Her other books include the one written on Bhangarh mystery, titled 'The Return of Ratnavati'. You can connect with her on her social networks:

ashitasaxena@yahoo.co.in
www.ashitasaxena.com

In the Dark

One day of the last month, after swimming I was driving back home from Sports Complex as usual when it suddenly grew dark. As I reached the Subhash circle it began to rain heavily. It was pouring cats and dogs when the streetlights went off. Now I could see only the occasional flashes of the headlights of the few cars racing on the road.

But being a bachelor I had no one waiting at home so I continued with my comfortable speed, occasionally humming a romantic song that suited the ambience.

On my way to home, two miles ahead of the red light that I crossed on the left has a small market. As I reached that patch I saw two small kids waving at the scarce cars passing them, with candies in both their hands. They were drenched in water. I stopped my car near to them and in the faint light from the shops and of my car headlight I saw that the girl was around ten and her brother maybe eight.

"Sir Can you please drop us at the next lane", the girl asked in a shaky voice.

Sure I said and opened the front door. "We can sit at the back." the girl continued, "This one seat is not enough for us".

"All right", I said with a smile and opened the back door. "Hop in", I told them and both the children crept inside.

The clouds continued thundering as we moved ahead.

"What's your name?" I asked them, there was no answer.

I tried again, "Are you not afraid to move alone with such weird stories going around, don't your parents object?"

"What stories?" this time the boy answered. The clouds thundered once again and the lightening growled in the dark.

Driving more carefully now I said, "Like you might have read in the last few weeks in newspapers, the news of the vanishing people."

"You mean like these ones," the girl said.

I looked turned to look back, all I could see were two heads dangling on the back seats with no trace of any bodies. I yelled and applied brake, the car came to a screeching halt. I opened the door and ran out of the car while it still poured.

When I looked back I saw the headlights of my car blinking mysteriously and a thick white smoke coming out from both the back windows.

Author's Bio

Poorti Jain (Born on 11th November, 1993) has done MA (English) and has a majestic knowledge of English language. She's a nature lover and is fond of calligraphy.

Plant Trees – the Nature's Antennas

Pollution, Pollution, Pollution!
Can anybody find a solution?

Pollution in the air,
Pollution everywhere!

I say you to plant trees,
Make this earth beautifully green!

Plant trees in your home,
Make this world a bloem!

Ask your father,
Ask your mother,
Ask your neighbour,
Ask your friend,
And, ask all other people,
Just to plant a tree,

And to feel like a bree!
Make this world heaven,
Like you work 24 × 7,
What a wonderful feel,
After planting a tree!

Look in your east,
Look in your west,
You will find everywhere best!

Author's Bio

Diganta Rongpi

Hometown: Artukekang; 782485, West karbi anglong; Assam

Email: digantarongpi9@gmail.com

Father'sname: Baliram Rongpi

Mother's name: Nirmaliphangchopi

My Work: I have published two poetry books (Both are in my mother tongue, that's in Karbi language), one poetry and short stories book (both in Karbi and English language), and co-author in poetry book (in Mother tongue).

Education: Graduate from Diphu Government College.

Occupation: Presently work as headmaster at Longtar Teron Memorial English M.E. School.

Interest: I enjoy reading, writing and blogging.

Get It

Ratiocianate thy thought to assemblage auto.

To torture the awkward of grief;

Not to get traumatized by the failure.

Explore and be elitism to elite

Thyself to elude from self grievance.

When restive knock to life;

Restrict demoralised bit resurge,

Rive from enisle to avulse from gloom

And embolden auto to excogitate

And embrace goal to touch apex.

Those knave correlate to decieve

And the deception will comes in feign nectarine.

No empowerment to embrace,

But, rapacious

To rankle to paralogize.

Dream to illuminate vitality;

Fettle thy fiat to travel in bliss;

Immense life treasure latent in life immeasurable

Every life equip is latent in life,

Don't be a bondage to serve as thrall for life.

Heartless

The world is to tropid
To heal the suffering of present time.
Like the dreams of soul
That keep on tantalizing us.
Not to help and hold other's life,
Instead they keep life at the tip of a knife
That is neither made of silver nor gold.
Supporting to the heart hold;
No piece of heart to helping hand.
A doctor, scientist or no other philosopher can
Cure this disease.
If there is a course for healing profession
I shall waste no moment to admit myself.
But if all dreams lend a helping hand,
Of course some parts of it may vanish,
Like some dreams when we wake
The journey from dusk to light
Has no end. The story resume
Its actions hard to assume.

But they struggle to be freed

From the pain of hatred.

Hatred opium, as I think

May destroy you in single blink.

Author's Bio

My name is **Varsha Kumari** from class B.Sc Part 2nd. I am 20 years old. I am studying in IGNOU University. I live in Chapra (Bihar). My father's name is Sri Naval Kishor Prasad.

I want to be a successful writer of Organic Chemistry. My aim is to become best professor of Chemistry.

मानवता को बचाने के लिए लड़की को बचाओ

आजकल भारत में हर कोई यह चाहता है कि उसका जन्म लेने वाला बच्चा लड़का ही हो। लड़की की इच्छा उसे नहीं है क्योंकि वे सोचते हैं कि लड़के बालिका से अधिक महत्त्वपूर्ण हैं। इसीलिए वे लोग लड़कियों को जन्म देना ही नहीं चाहते हैं और उनकी माँ पर अत्याचार और विरोध करके उनका गर्भपात करने के लिए मजबूर कर देते हैं।

लोगों के इस विचार के कारण ही वे कहते हैं कि लड़कियों को शिक्षा प्रदान नहीं की जानी चाहिए, लेकिन लड़कों को उच्च शिक्षा प्रदान की जानी चाहिए। इसी कारण इतने सारे लोग गर्भावस्था में या जन्म लेते ही बालिका को मार देते हैं।

अगर यह प्रक्रिया भारत में जारी रहती है, तो लड़कियों की आबादी गंभीर रूप से घट जाएगी और प्रकृति का तंत्र असंतुलित हो जाएगा, लेकिन अब शिक्षा से लड़कियों की स्थिति लड़कों की तुलना में अधिक विकसित होती जा रही है क्योंकि लड़कों का दिमाग केवल अध्ययन पर केंद्रित नहीं होता है। कभी-कभी वे अध्ययन के बजाए अन्य विकल्प चुनते हैं लेकिन लड़कियों के मामले में केवल वे अध्ययन और घर के सारे कामों पर ध्यान केंद्रित करती हैं और वे अधिक से अधिक सम्मान पूर्वक अध्ययन से प्यार करती हैं। यदि यह प्रक्रिया जारी रहती है तो लड़कियों की आबादी लड़कों से बहुत कम हो जाएगी और लड़कों को विवाह की समस्या का भी सामना करना पड़ सकता है और भविष्य की पीढ़ी में काफी लोग अविवाहित रह सकते हैं।

सरकार को इस संबंध में और अधिक सख्त होना चाहिए और गर्भपात पर सख्त कार्यवाही करनी चाहिए।

Author's Bio

Dr Muneera

I am a young girl living in National Capital of India. I am practising dental surgeon and preparing for higher studies, so I am still a student. And my dreams for my future are to work with healthcare services and educate people and to see women of this nation with equal basic rights, and last but not the least. I want to become writer with positive impact so that I can be a voice through my writing.

"My Dreams for My Future"

Everyone has dreams and it's all about confessions and choices with feelings coming to the surface and demanding to be heard. I believe education plays a very important role in making life as fulfilling as possible. This basic education was my first step to achieve my dreams. Currently, I am a dental surgeon and a student preparing for my higher studies. Since childhood, I wanted to become an impactful writer. I want to emphasize on a very sensitive topic which is what it's like to be a woman in our society, being a female in our society means you face certain challenges in day to day life. My biggest dream for my future is to see when females have the power to act freely, to exercise their rights to be full and equal members of the society and that's true whether we are talking about when to get married, when and how many children to have, where they work, how to spend their money, whether they can move around the streets day and night freely without having any fear of getting raped. So why does it matter? Because it's not an add-on to development, it's at the core of the development for our nation. We have seen a lot of progress in the last few decades. Education, for example, the gender gap in schools/colleges completion for women is closing. More women are being elected in government positions and economic empowerment is happening for a lot of women, they are working outside of their home. Ironically many of the same areas we've seen progress, we are still lagging. For example, the gender-based violence which is very common in our society. The basic human rights and health care services are denied in many rural areas of our country just because they are women. That is why I want to contribute as a healthcare professional to the society and educate people because education is the basic human right & I firmly believe that. My long-term goal and dream are to join the "world health organization" and serve my country in terms of health care services.

Now, I want to talk about my second and the most beloved dream that is to become a writer. Throughout the childhood, I always loved reading books and stories. So, I began looking into different authors, and the idea of becoming just like some of my favourite authors came into my head. Reading has gotten me through some difficult points in my life, and there are so many books that stand out in my mind. With each book I read, I feel like I am able to see into the world and even myself a little more. In the future, I want to speak volumes through my literature.

So, let us look at our hopes and dreams and how they might become a reality.

There are few simple steps/points I need to emphasize:

- Appreciate your dream and believe that u can achieve them all is the very first step.
- Find the passion.
- Know your "why".
- Work towards it by educating yourself.
- Write a plan.

- Have the confidence to work hard.
- Get up early.
- Make it a daily habit. And focus on what matters, each day.
- Positive attitude towards life and stick with it.
- Stay away from negative people.
- Do more listening and less talking.
- Ask for help when needed, nothing is wrong in that.
- Never lose hope. Keep walking towards it, sooner or later you'll reach there.
- Focus on what matters. Each day.
- Pay attention to detail.
- Time management is the key.
- Practice effectively.
- Develop yourself.
- Communicate with family and friends.
- Eat properly, drink properly and sleep properly because a good sleep regenerates brain cells.
- And the most important thing is to "Enjoy the process" and "Have fun".

I read it somewhere "Hard work beats talent when talent fails to work" and this line stuck into my head. So, my dear readers getting to the top is not easy, at least not at the moment. It might become easy in the future, but for now, we have to work hard to achieve great things.